Unser erstes Jahr und die schönsten Erinnerungen

Woche 1

Datum: .... bis ....

Das ist diese Woche passiert:

Das habe ich diese Woche gelernt:

Das sagt Mama:

Das sagt Papa:

Das Schönste/Witzigste diese Woche:

Woche 2

Datum: .... bis ....

Das ist diese Woche passiert:

Das habe ich diese Woche gelernt:

Das sagt Mama:

Das sagt Papa:

Das Schönste/Witzigste diese Woche:

Woche 3

Datum: .... bis ....

Das ist diese Woche passiert:

Das habe ich diese Woche gelernt:

Das sagt Mama:

Das sagt Papa:

Das Schönste/Witzigste diese Woche:

Woche 4

Datum: .... bis ....

Das ist diese Woche passiert:

Das habe ich diese Woche gelernt:

Das sagt Mama:

Das sagt Papa:

Das Schönste/Witzigste diese Woche:

4 Wochen Übersicht

Meine linke Hand

Meine rechte Hand

Mein linker Fuß

Mein rechter Fuß

Hier ist Platz für Fotos

Woche 5

Datum: .... bis ....

Das ist diese Woche passiert:

Das habe ich diese Woche gelernt:

Das sagt Mama:

Das sagt Papa:

Das Schönste/Witzigste diese Woche:

Woche 6

Datum: .... bis ....

Das ist diese Woche passiert:

Das habe ich diese Woche gelernt:

Das sagt Mama:

Das sagt Papa:

Das Schönste/Witzigste diese Woche:

Woche 7

Datum: .... bis ....

Das ist diese Woche passiert:

Das habe ich diese Woche gelernt:

Das sagt Mama:

Das sagt Papa:

Das Schönste/Witzigste diese Woche:

Woche 8

Datum: .... bis ....

Das ist diese Woche passiert:

Das habe ich diese Woche gelernt:

Das sagt Mama:

Das sagt Papa:

Das Schönste/Witzigste diese Woche:

4 Wochen Übersicht

Meine linke Hand

Meine rechte Hand

Mein linker Fuß

Mein rechter Fuß

Hier ist Platz für Fotos

Woche 9

Datum: .... bis ....

Das ist diese Woche passiert:

Das habe ich diese Woche gelernt:

Das sagt Mama:

Das sagt Papa:

Das Schönste/Witzigste diese Woche:

Woche 10

Datum: .... bis ....

Das ist diese Woche passiert:

Das habe ich diese Woche gelernt:

Das sagt Mama:

Das sagt Papa:

Das Schönste/Witzigste diese Woche:

Woche 11

Datum: .... bis ....

Das ist diese Woche passiert:

Das habe ich diese Woche gelernt:

Das sagt Mama:

Das sagt Papa:

Das Schönste/Witzigste diese Woche:

Woche 12

Datum: .... bis ....

Das ist diese Woche passiert:

Das habe ich diese Woche gelernt:

Das sagt Mama:

Das sagt Papa:

Das Schönste/Witzigste diese Woche:

4 Wochen Übersicht

Meine linke Hand

Meine rechte Hand

Mein linker Fuß

Mein rechter Fuß

Hier ist Platz für Fotos

Woche 13

Datum: .... bis ....

Das ist diese Woche passiert:

Das habe ich diese Woche gelernt:

Das sagt Mama:

Das sagt Papa:

Das Schönste/Witzigste diese Woche:

Woche 14

Datum: .... bis ....

Das ist diese Woche passiert:

Das habe ich diese Woche gelernt:

Das sagt Mama:

Das sagt Papa:

Das Schönste/Witzigste diese Woche:

Woche 15

Datum: .... bis ....

Das ist diese Woche passiert:

Das habe ich diese Woche gelernt:

Das sagt Mama:

Das sagt Papa:

Das Schönste/Witzigste diese Woche:

Woche 16

Datum: .... bis ....

Das ist diese Woche passiert:

Das habe ich diese Woche gelernt:

Das sagt Mama:

Das sagt Papa:

Das Schönste/Witzigste diese Woche:

4 Wochen Übersicht

Meine linke Hand

Meine rechte Hand

Mein linker Fuß

Mein rechter Fuß

Hier ist Platz für Fotos

Woche 17

Datum: .... bis ....

Das ist diese Woche passiert:

Das habe ich diese Woche gelernt:

Das sagt Mama:

Das sagt Papa:

Das Schönste/Witzigste diese Woche:

Woche 18

Datum: .... bis ....

Das ist diese Woche passiert:

Das habe ich diese Woche gelernt:

Das sagt Mama:

Das sagt Papa:

Das Schönste/Witzigste diese Woche:

Woche 19

Datum: .... bis ....

Das ist diese Woche passiert:

Das habe ich diese Woche gelernt:

Das sagt Mama:

Das sagt Papa:

Das Schönste/Witzigste diese Woche:

Woche 20

Datum: .... bis ....

Das ist diese Woche passiert:

Das habe ich diese Woche gelernt:

Das sagt Mama:

Das sagt Papa:

Das Schönste/Witzigste diese Woche:

4 Wochen Übersicht

Meine linke Hand

Meine rechte Hand

Mein linker Fuß

Mein rechter Fuß

Hier ist Platz für Fotos

Woche 21

Datum: .... bis ....

Das ist diese Woche passiert:

Das habe ich diese Woche gelernt:

Das sagt Mama:

Das sagt Papa:

Das Schönste/Witzigste diese Woche:

Woche 22

Datum: .... bis ....

Das ist diese Woche passiert:

Das habe ich diese Woche gelernt:

Das sagt Mama:

Das sagt Papa:

Das Schönste/Witzigste diese Woche:

Woche 23

Datum: .... bis ....

Das ist diese Woche passiert:

Das habe ich diese Woche gelernt:

Das sagt Mama:

Das sagt Papa:

Das Schönste/Witzigste diese Woche:

Woche 24

Datum: .... bis ....

Das ist diese Woche passiert:

Das habe ich diese Woche gelernt:

Das sagt Mama:

Das sagt Papa:

Das Schönste/Witzigste diese Woche:

4 Wochen Übersicht

Meine linke Hand

Meine rechte Hand

Mein linker Fuß

Mein rechter Fuß

Hier ist Platz für Fotos

Woche 25

Datum: .... bis ....

Das ist diese Woche passiert:

Das habe ich diese Woche gelernt:

Das sagt Mama:

Das sagt Papa:

Das Schönste/Witzigste diese Woche:

Woche 26

Datum: .... bis ....

Das ist diese Woche passiert:

Das habe ich diese Woche gelernt:

Das sagt Mama:

Das sagt Papa:

Das Schönste/Witzigste diese Woche:

Woche 27

Datum: .... bis ....

Das ist diese Woche passiert:

Das habe ich diese Woche gelernt:

Das sagt Mama:

Das sagt Papa:

Das Schönste/Witzigste diese Woche:

Woche 28

Datum: .... bis ....

Das ist diese Woche passiert:

Das habe ich diese Woche gelernt:

Das sagt Mama:

Das sagt Papa:

Das Schönste/Witzigste diese Woche:

4 Wochen Übersicht

Meine linke Hand

Meine rechte Hand

Mein linker Fuß

Mein rechter Fuß

Hier ist Platz für Fotos

Woche 29

Datum: .... bis ....

Das ist diese Woche passiert:

Das habe ich diese Woche gelernt:

Das sagt Mama:

Das sagt Papa:

Das Schönste/Witzigste diese Woche:

Woche 30

Datum: .... bis ....

Das ist diese Woche passiert:

Das habe ich diese Woche gelernt:

Das sagt Mama:

Das sagt Papa:

Das Schönste/Witzigste diese Woche:

Woche 31

Datum: .... bis ....

Das ist diese Woche passiert:

Das habe ich diese Woche gelernt:

Das sagt Mama:

Das sagt Papa:

Das Schönste/Witzigste diese Woche:

Woche 32

Datum: .... bis ....

Das ist diese Woche passiert:

Das habe ich diese Woche gelernt:

Das sagt Mama:

Das sagt Papa:

Das Schönste/Witzigste diese Woche:

4 Wochen Übersicht

Meine linke Hand

Meine rechte Hand

Mein linker Fuß

Mein rechter Fuß

Hier ist Platz für Fotos

Woche 33

Datum: .... bis ....

Das ist diese Woche passiert:

Das habe ich diese Woche gelernt:

Das sagt Mama:

Das sagt Papa:

Das Schönste/Witzigste diese Woche:

Woche 34

Datum: .... bis ....

Das ist diese Woche passiert:

Das habe ich diese Woche gelernt:

Das sagt Mama:

Das sagt Papa:

Das Schönste/Witzigste diese Woche:

Woche 35

Datum: .... bis ....

Das ist diese Woche passiert:

Das habe ich diese Woche gelernt:

Das sagt Mama:

Das sagt Papa:

Das Schönste/Witzigste diese Woche:

Woche 36

Datum: .... bis ....

Das ist diese Woche passiert:

Das habe ich diese Woche gelernt:

Das sagt Mama:

Das sagt Papa:

Das Schönste/Witzigste diese Woche:

4 Wochen Übersicht

Meine linke Hand

Meine rechte Hand

Mein linker Fuß

Mein rechter Fuß

Hier ist Platz für Fotos

Woche 37

Datum: .... bis ....

Das ist diese Woche passiert:

Das habe ich diese Woche gelernt:

Das sagt Mama:

Das sagt Papa:

Das Schönste/Witzigste diese Woche:

Woche 38

Datum: .... bis ....

Das ist diese Woche passiert:

Das habe ich diese Woche gelernt:

Das sagt Mama:

Das sagt Papa:

Das Schönste/Witzigste diese Woche:

Woche 39

Datum: .... bis ....

Das ist diese Woche passiert:

Das habe ich diese Woche gelernt:

Das sagt Mama:

Das sagt Papa:

Das Schönste/Witzigste diese Woche:

Woche 40

Datum: .... bis ....

Das ist diese Woche passiert:

Das habe ich diese Woche gelernt:

Das sagt Mama:

Das sagt Papa:

Das Schönste/Witzigste diese Woche:

4 Wochen Übersicht

Meine linke Hand

Meine rechte Hand

Mein linker Fuß

Mein rechter Fuß

Hier ist Platz für Fotos

Woche 41

Datum: .... bis ....

Das ist diese Woche passiert:

Das habe ich diese Woche gelernt:

Das sagt Mama:

Das sagt Papa:

Das Schönste/Witzigste diese Woche:

Woche 42

Datum: .... bis ....

Das ist diese Woche passiert:

Das habe ich diese Woche gelernt:

Das sagt Mama:

Das sagt Papa:

Das Schönste/Witzigste diese Woche:

Woche 43

Datum: .... bis ....

Das ist diese Woche passiert:

Das habe ich diese Woche gelernt:

Das sagt Mama:

Das sagt Papa:

Das Schönste/Witzigste diese Woche:

Woche 44

Datum: .... bis ....

Das ist diese Woche passiert:

Das habe ich diese Woche gelernt:

Das sagt Mama:

Das sagt Papa:

Das Schönste/Witzigste diese Woche:

4 Wochen Übersicht

Meine linke Hand

Meine rechte Hand

Mein linker Fuß

Mein rechter Fuß

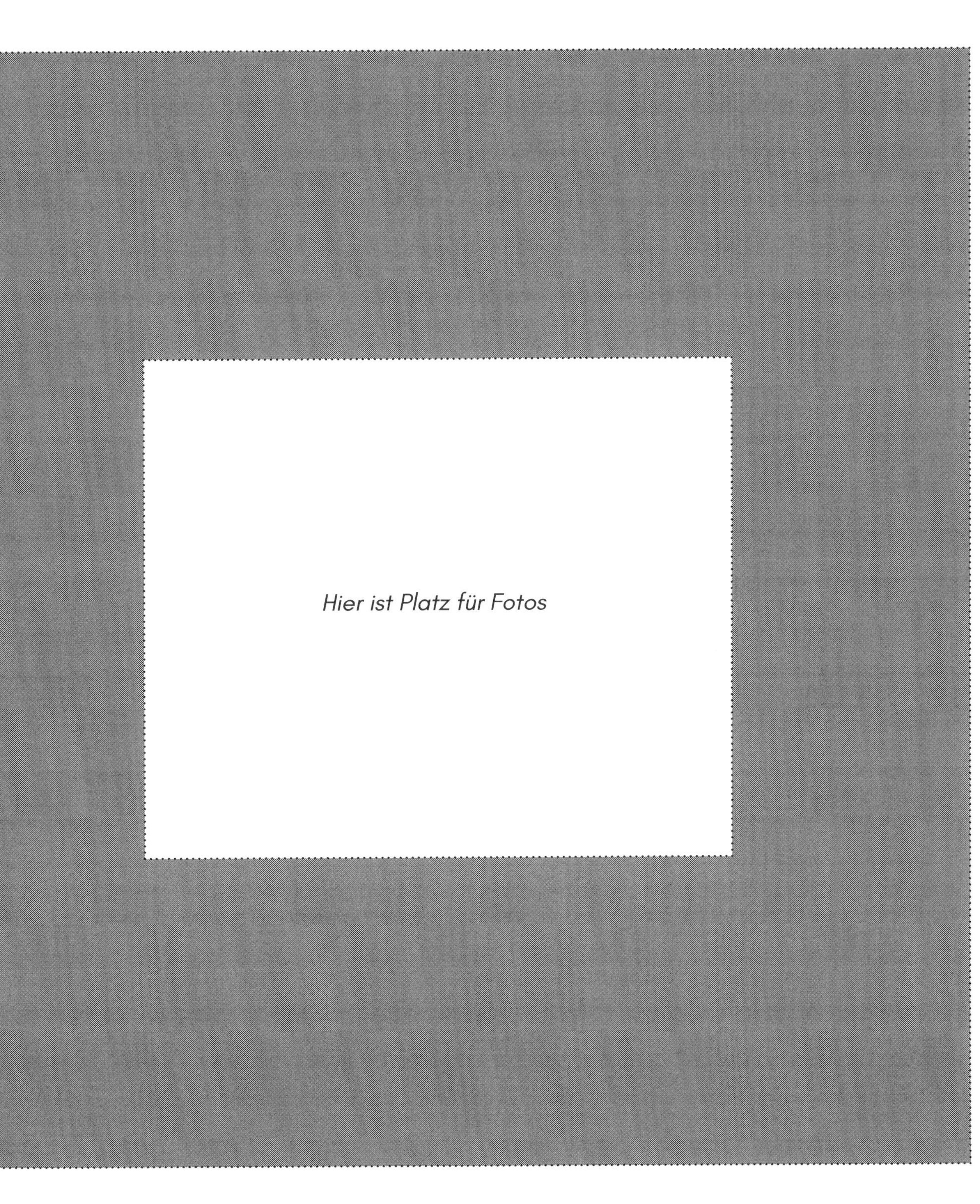
Hier ist Platz für Fotos

Woche 45

Datum: .... bis ....

Das ist diese Woche passiert:

Das habe ich diese Woche gelernt:

Das sagt Mama:

Das sagt Papa:

Das Schönste/Witzigste diese Woche:

Woche 46

Datum: .... bis ....

Das ist diese Woche passiert:

Das habe ich diese Woche gelernt:

Das sagt Mama:

Das sagt Papa:

Das Schönste/Witzigste diese Woche:

Woche 47

Datum: .... bis ....

Das ist diese Woche passiert:

Das habe ich diese Woche gelernt:

Das sagt Mama:

Das sagt Papa:

Das Schönste/Witzigste diese Woche:

Woche 48

Datum: .... bis ....

Das ist diese Woche passiert:

Das habe ich diese Woche gelernt:

Das sagt Mama:

Das sagt Papa:

Das Schönste/Witzigste diese Woche:

4 Wochen Übersicht

Meine linke Hand

Meine rechte Hand

Mein linker Fuß

Mein rechter Fuß

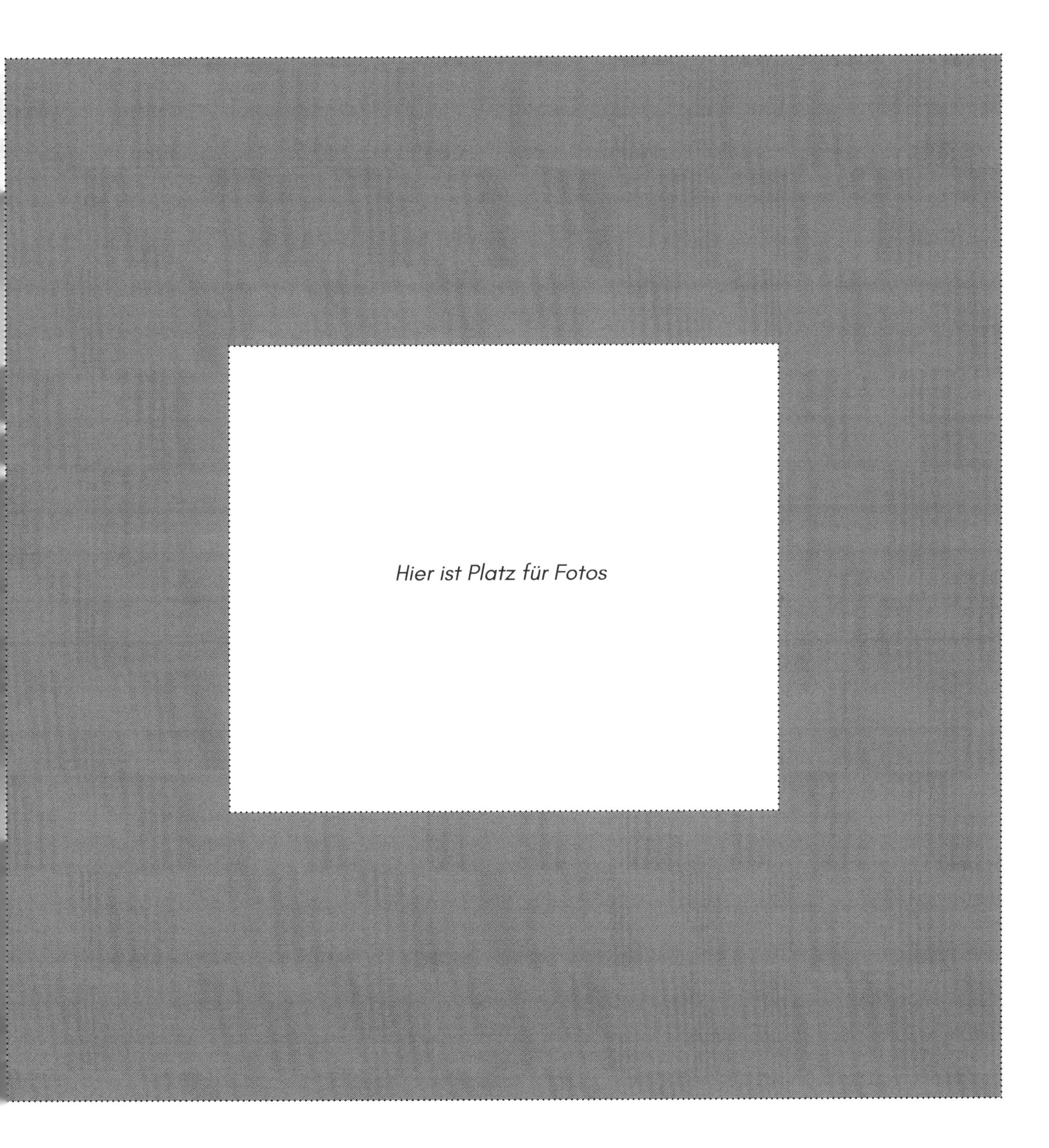
Hier ist Platz für Fotos

Woche 49

Datum: .... bis ....

Das ist diese Woche passiert:

Das habe ich diese Woche gelernt:

Das sagt Mama:

Das sagt Papa:

Das Schönste/Witzigste diese Woche:

Woche 50

Datum: .... bis ....

Das ist diese Woche passiert:

Das habe ich diese Woche gelernt:

Das sagt Mama:

Das sagt Papa:

Das Schönste/Witzigste diese Woche:

Woche 51

Datum: .... bis ....

Das ist diese Woche passiert:

Das habe ich diese Woche gelernt:

Das sagt Mama:

Das sagt Papa:

Das Schönste/Witzigste diese Woche:

Woche 52

Datum: .... bis ....

Das ist diese Woche passiert:

Das habe ich diese Woche gelernt:

Das sagt Mama:

Das sagt Papa:

Das Schönste/Witzigste diese Woche:

4 Wochen Übersicht

Meine linke Hand

Meine rechte Hand

Mein linker Fuß

Mein rechter Fuß

Hier ist Platz für Fotos

Das hast du zu deinem ersten Geburtstag bekommen:

BIRTHDAY

Mit folgenden Gästen haben wir gefeiert:

jonathan kuhla
tempelhofer ufer 15
10963 berlin
mail: jonathankuhla@gmail.com

Printed in Poland
by Amazon Fulfillment
Poland Sp. z o.o., Wrocław

27815839R00077